Marcel Otten

Emissionshandel im Luftverkehr

Ausblick auf die Erweiterung des bestehenden
Handels mit Emissionszertifikaten

Diplomica® Verlag GmbH

Otten, Marcel: Emissionshandel im Luftverkehr - Ausblick auf die Erweiterung des bestehenden Handels mit Emissionszertifikaten, Hamburg, Diplomica Verlag GmbH 2007

ISBN: 978-3-8366-5428-9
Druck Diplomica® Verlag GmbH, Hamburg, 2007
Zugl. Universität Paderborn, Paderborn, Deutschland, Bachelorarbeit, 2007

Bibliografische Information der Deutschen Bibliothek
Die Deutsche Bibliothek verzeichnet diese Publikation in der Deutschen Nationalbibliografie;
detaillierte bibliografische Daten sind im Internet über
<http://dnb.ddb.de> abrufbar.

© Diplomica Verlag GmbH
http://www.diplom.de, Hamburg 2007
Printed in Germany

Inhaltsverzeichnis

Inhaltsverzeichnis i

Abkürzungsverzeichnis iii

Abbildungsverzeichnis v

1. Einleitung 1

2. Darstellung von Zertifikaten 3
   2.1. Grundlagen und Entwicklung des Emissionshandels.................................. 3
   2.2. Der Treibhauseffekt.. 4
   2.3. Das Kyoto-Protokoll 6
      2.3.1. Die flexiblen Mechanismen... 6
         2.3.1.1. Joint Implementation.. 7
         2.3.1.2. Clean Devolopment Mechanism 8
         2.3.1.3. Emissions Trading 9
   2.4. Die Richtlinie 2003/87/EG 10
   2.5. Die Grundfreiheiten des EGV i.V.m der Richtlinie 2003/87/EG..................... 11
      2.5.1. Warenverkehrsfreiheit, Art. 23 ff. EGV 12
      2.5.2. Dienstleistungsfreiheit, Art. 49 ff. EGV 12
      2.5.3. Niederlassungsfreiheit, Art. 43 ff. EGV 13
      2.5.4. Kapitalverkehrsfreiheit, Art. 56 ff. EGV 14
   2.6. Vereinbarkeit mit dem Grundgesetz.. 14

3. Der Emissionshandel für den Luftverkehr 17
   3.1. Ausgestaltung eines Emissionshandelssystems... 18
   3.2. Geographischer Anwendungsbereich 21
   3.3. Verfahren der Primärverteilung 24
      3.3.1. Grandfathering 25
      3.3.2. Benchmarking 26
      3.3.3. Versteigerung 27
   3.4. Die Einbindung des Luftverkehrs in den EU-Emissionshandel 28

4. Auswirkungen und Schwierigkeiten 31
   4.1. Juristische Probleme.. 31
      4.1.1. Subsidiaritätsprinzip 32
      4.1.2. Grundsatz der Verhältnismäßigkeit 33
   4.2. Auswirkungen auf Fluggesellschaften, Flughäfen und Kunden..................... 34
   4.3. Auswirkungen auf den Tourismus.. 35
   4.4. Umweltauswirkungen 36

5. Schlussbemerkung **37**

Literaturverzeichnis.. **vii**

Abkürzungsverzeichnis

Bafin	Bundesfinanzdienstleistungsaufsicht
BIP	Bruttoinlandsprodukt
BVerfG	Bundesverfassungsgericht
BVerwG	Bundesverwaltungsgericht
CAEP	Committee on Aviation Environmental Protection
CDM	Clean Development Mechanism
DÖV	Die Öffentliche Verwaltung
DVBl.	Deutsches Verwaltungsblatt
EGV	Vertrag zur Gründung der Europäischen Gemeinschaft
ETS	Emission Trading Scheme
EWR	Europäischer Wirtschaftsraum
FIR	Flight Information Region
ICAO	International Civil Aviation Organization
IPCC	Intergovernmental Panel on Climate Change
JI	Joint Implementation
KWG	Kreditwesengesetz
THG	Treibhausgas
UNFCCC	United Nationen Framework Convention on Climate Change
UPR	Ultra Peripheral Regions

Abbildungsverzeichnis

Abb. 1:

Entwicklung der THG-Emissionen der EU-25 aus dem internationalen

Flugverkehr..17

Abb. 2:

Percentage of emissions included for EU-related routes under various scenarios....23

Abb. 3:

Absolute und prozentuale Reduktionswerte 36

1. Einleitung

Seit 1990 ist der CO_2-Ausstoß des Luftverkehrs um 87% gestiegen[1]. Er verursacht ca. 3% der gesamten anthropogenen CO_2-Emissionen[2]. Der Anteil wird nach Schätzungen auf 5% ansteigen[3]. Dieser Anstieg könnte die Anstrengungen anderer Industriezweige unterlaufen, den europäischen Verpflichtungen aus dem Kyoto-Protokoll[4] nachzukommen. Zum jetzigen Zeitpunkt ist der Luftverkehr nur in geringem Maße zur Bekämpfung des Klimawandels verpflichtet, da Emissionen aus dem Luftverkehr nicht vom Kyoto-Protokoll umfasst sind. Die Staaten haben sich zur Begrenzung von Umweltverschmutzung im Rahmen des Kyoto-Protokolls auf einen Zerfikatehandel als *ein* mögliches Instrument der Verringerung des CO_2-Ausstoßes verständigt. Dieser gewährt den Staaten ein Verschmutzungsrecht was handelbar ist. Mithilfe dieses Handels soll die Umweltverschmutzung wenn nicht ganz abgeschafft, dann zumindest begrenzt werden.

Am 1. Januar 2005 begann für die Länder der Europäischen Union (EU) der Handel mit Emissionsrechten. Damit trat das erste multinationale Emissionshandelssystem in Kraft. Anders als im Falle des Kyoto-Protokolls sind es im europäischen Emissionshandelssystem nicht Staaten, die Reduktionsverpflichtungen erfüllen müssen, sondern energieintensive Unternehmen. Die Haupteffizienz des Systems besteht darin, dass es den Unternehmen Anreize bietet, ihre Emissionen z.B. durch Investitionen in klimafreundlichere Anlagen zu reduzieren. Eine Steigerung der Emissionen macht sich dagegen durch höhere Kosten bemerkbar.

Fraglich ist, ob ein solcher Handel auch auf den Luftverkehr übertragbar ist. Internationale Flüge sind an keine Staatsgrenzen gebunden. Emissionen werden zum Teil in Ländern freigesetzt, die nur überflogen werden. Diese und weitere spezielle Bedingungen geben dem internationalen Luftverkehr einen besonderen Status und ma-

---

[1]   Vgl. EU-Kommission (2006b), S.3.
[2]   Vgl. Scheelhaase, J. (2006), S.481.
[3]   Vgl. EurActiv.com (2007).
[4]   Protokoll von Kyoto zum Rahmenübereinkommen der Vereinten Nationen über Klimaänderungen vom 11. Dezember 1997.

chen es besonders schwierig, geeignete Lösungen zu finden. Die Möglichkeiten der Ausgestaltung eines Emissionshandelssystems für den Luftverkehr sind vielfältig.

Zunächst wird der Emissionshandel nach dem Kyoto-Protokoll beschrieben. Die EU hat mit der Richtlinie 2003/87/EG den rechtlichen Rahmen für den Emissionshandel in Europa geschaffen. Die Vereinbarkeit mit den Grundrechten des EG-Vertrages musste hier beachtet werden. Auf dieser Richtlinie könnte ein möglicher Emissionshandel im Luftverkehr aufbauen. Dabei bieten sich verschiedene Möglichkeiten für die Ausgestaltung eines solchen. Die zentralen Ansätze werden in Kapitel 3 näher betrachtet und erläutert.

Die Europäische Kommission hat am 20. Dezember 2006 einen Richtlinienvorschlag vorgelegt[5]. Somit ist eine Richtung für die Form eines Handels mit Emissionsrechten im Luftverkehr bereits vorgegeben. Mögliche Auswirkungen auf Wirtschaft und Umwelt, sowie juristische Aspekte werden in Kapitel 4 behandelt. Wie schon bei der Richtlinie 2003/87/EG darf dieser Richtlinienvorschlag nicht gegen geltendes Recht verstoßen.

Die Arbeit schließt mit einer kritischen Betrachtung des Vorhabens der EU-Kommission. Mögliche Schwachstellen des Richtlinienvorschlags werden aufgezeigt und eventuelle Lösungsvorschläge gegeben.

---

[5]   EU-Kommission (2006a).

2. Darstellung von Zertifikaten

Umweltpolitisch ist der Emissionshandel eine eher junge Erscheinung. Auch die öffentliche Meinung hat dieses Thema erst in den letzten Jahren für sich entdeckt. Der Durchbruch sowohl auf politischer Ebene als auch in der Öffentlichkeit gelang 1997, als die Vertragsstaaten der Klimarahmenkonvention auf ihrer Konferenz in Kyoto beschlossen, den Handel mit Emissionen ausdrücklich als eine der Maßnahmen zu nennen, mit denen die Vertragsstaaten ihrer Verpflichtung zur Reduzierung des Treibhausgasausstoßes nachkommen können.

2.1. Grundlagen und Entwicklung des Emissionshandels

Um Unternehmen vom Umweltschutz zu überzeugen, muss ein Instrument geschaffen werden, das über genügend Anreize verfügt, damit es auch akzeptiert wird. Wenn Umweltnutzung kostenlos ist, wird sie nicht von den Unternehmen in der Kalkulation berücksichtigt und es kann zu einer Übernutzung kommen. Wird ein Preis für die Nutzung der Umwelt eingeführt, so stehen den Unternehmen zwei Möglichkeiten zur Wahl. Einerseits könnte die Produktion umweltfreundlicher gestaltet werden (zum Beispiel durch Filteranlagen). Dadurch könnte eine Grenze zur Nutzung eingehalten oder gar unterschritten werden.

Andererseits kann der Preis für die Nutzung entrichtet werden. Diese ökonomischen Instrumente haben einen entscheidenden Vorteil. Für die Unternehmen ist der Anreiz geschaffen, in bessere Umwelttechniken zu investieren um Kosten für die Umweltnutzung einzusparen.

Ein Preis für die Umweltnutzung kann aber nur entstehen, wenn die Umweltnutzung zu einem marktfähigen Gut wird. Hier sind staatliche Interventionen gefragt. Auf der einen Seite kann der Staat den Preis unmittelbar selbst festsetzen. Auf der anderen Seite kann der Preis auch über die Mengensteuerung ermittelt werden. Hierzu dienen die so genannten Zertifikatslösungen. Diese sind frei handelbar. Nach der Ausgabe werden sie den Marktkräften überlassen. Der Sinn hierbei ist es, dass die Umwelt nur dann genutzt werden darf, wenn eine Berechtigung hierfür vorliegt. Der Preis für diese Befugnisse bildet sich am Markt.

Warum überhaupt Umweltnutzung zu einem marktfähigen gemacht werden sollte, erklärt sich durch die starken Klimaänderungen. Die empirischen Beobachtungen der letzten Jahrhunderte seit Beginn der Wetteraufzeichnungen zeigen einen Anstieg der Durchschnitttemperaturen. Es ist mittlerweile die herrschende Meinung, dass der Mensch eine gewisse Verantwortung an dieser Erwärmung trägt. Diese Erwärmung ist die Folge des sog. Treibhauseffektes.

2.2. Der Treibhauseffekt

Der Begriff Treibhauseffekt bezeichnet ein natürliches Phänomen, das für die Erwärmung der Luftschicht über der Erdoberfläche verantwortlich ist. Ursprünglich wurde der Begriff verwendet, um den Effekt eines Gewächshauses zu beschreiben. Hierbei steigen hinter Glasscheiben die Temperaturen an, wenn die Sonne darauf scheint. So können Pflanzen vorzeitig austreiben, blühen und fruchten. Heute wird der Begriff weiter gefasst. Er bezeichnet den atmosphärischen Wärmestau. Ausgangspunkt hierfür sind die Sonnenstrahlen. Sie gelangen als kurzwellige Strahlung durch die Atmosphäre auf die Erdoberfläche, werden dort teilweise absorbiert und in Form von langwelliger Wärmestrahlung wieder abgegeben. Die Treibhausgase nehmen einen Teil dieser Wärmestrahlung auf und geben ihrerseits einen Teil davon in den erdnahen Schichten der Atmosphäre wieder ab. Nehmen solche Gase in ihren atmosphärischen Konzentrationen zu, so wird es in den unteren Schichten der Atmosphäre wärmer und aufgrund des geringeren Wärmetransports nach oben in der Stratosphäre kälter.

Nach dem gegenwärtigen Wissensstand sind die wichtigsten Treibhausgase, die zu einer Klimaänderung beitragen, Kohlendioxid (CO_2), Methan (CH_4), Distickstoffoxid (N_2O), Fluorkohlenwasserstoff (HFC), vollhalogenierter Kohlenwasserstoff (PFC) und Schwefel-Hexafluorid (SF_6). Des Weiteren sind noch die Fluorchlorkohlenwasserstoffe (CFCs) zu nennen, die bereits in das Montrealer Protokoll zum Schutz der Ozonschicht aufgenommen wurden[6].

Beim natürlichen Treibhauseffekt hat der Wasserdampf (H_2O) mit 62% einen weit größeren Anteil als das CO_2 mit 22%[7]. Beim anthropogenen, d.h. durch menschliche Aktivitäten verursachten Verstärkung des Treibhauseffektes, dominiert jedoch das CO_2 deutlich mit circa 61%[8]. Dieser anthropogene Einfluss wird als wesentlicher Hintergrund des seit Mitte des 18. Jahrhunderts zu verzeichnenden Anstiegs der CO_2-Konzentration in der Atmosphäre gesehen. Seit dieser Zeit wurde durch Untersuchungen von Eisbohrkernen und seit Mitte des 20. Jahrhunderts durch unmittelbare Messungen festgestellt, dass der Anteil an CO_2 in der Erdatmosphäre stetig steigt[9].

Ebenso wie der Anstieg des CO_2-Anteils gilt der Anstieg der globalen mittleren Temperatur seit dem Ende des 19. Jahrhunderts als sicher.[10] Jedoch ist der Ursachenzusammenhang zwischen Treibhausgasemissionen und Klimaveränderungen nicht definitiv bewiesen. Dies ist angesichts der Komplexität unseres Klimasystems und der damit verbundenen schwierigen Analyse nicht weiter verwunderlich. Empirische Beobachtungen wie zum Beispiel des IPCC[11] lassen aber erkennen, dass die mit empirischen Befunden abgeglichenen Modellannahmen Klimaänderungen anzeigen, die auf anthropogene Einflüsse zurückzuführen sind.

---

[6] Die Europäische Gemeinschaft ist dem Protokoll von Montreal beigetreten (Entscheidung 88/540, ABl.EG 1988,Nr. L 297, S.8) und hat seit 1988 verschiedene Regelungen erlassen, um die durch das Protokoll erfassten Stoffe in der Gemeinschaft schrittweise zu verbieten.

[7] Vgl. Sattler, A. (2004) S.5.

[8] Vgl. Sattler, A. (2004) S.5.

[9] Die Konzentration des CO_2 in der Atmosphäre stieg von unter 270ppm (1ppm = 1 Teil CO2 auf eine Million Teile Luft) in der Mitte des 18.Jahrhunderts auf 370ppm im Jahr 2005. Siehe IPCC, Climate Change 2007: The Physical Science Basis, S.3.

[10] Die globale mittlere Temperatur hat sich seit dem Jahr 1900 um 0,6°C erhöht. Siehe IPCC, Climate Change 2007: The Physical Science Basis, S.11.

[11] Der IPCC (Intergovernental Panel on Climate Change, deutsch: Zwischenstaatlicher Ausschuss zu Klimaveränderungen) wurde 1988 von der WMO (Meteorologische Weltorganisation) und dem Umweltprogramm der Vereinten Nationen (United Nations Environmental Programme, UNEP) gegründet. Seine Aufgabe ist es, den Wissensstand zu Klimaveränderungen in bewertenden Berichten zusammenzutragen. Die Teilnahme an der Arbeit des IPCC steht allen Mitgliedstaaten der Vereinten Nationen offen, siehe Ziff.4 der Verfahrensgrundsätze des IPCC (Principles Governing IPCC Work). Allgemeine und aktuelle Informationen über den IPCC und seine Tätigkeiten sind im Internet abrufbar unter http://www.ipcc.ch.

2.3. Das Kyoto-Protokoll

Das Protokoll von Kyoto wurde am 11. Dezember 1997 von der 3. Konferenz der Vertragsstaaten des Rahmenübereinkommens der Vereinten Nationen über Klimaänderungen (UNFCCC) verabschiedet. Erstmals wurden für die Treibhausgasemissionen der Industriestaaten Grenzwerte festgelegt. Die Annex B-Staaten[12] haben sich in diesem Zusammenhang dazu verpflichtet die Emissionen der sechs Treibhausgase[13] im Zeitraum 2008 bis 2012 um 5% gegenüber dem Stand von 1990 zu reduzieren[14].

Die Bundesrepublik Deutschland und die Europäische Gemeinschaft haben das Kyoto-Protokoll im Jahr 2002 ratifiziert. Es tritt aber erst dann in Kraft, wenn es von mindestens 55 Ländern unterzeichnet ist, die zusammen für mindestens 55% der Schadstoff-Emissionen im Jahr 1990 verantwortlich waren[15]. Die Zahl von mindestens 55 teilnehmenden Staaten wurde mit Islands Ratifikation am 23. Mai 2002 erreicht. Die zweite Bedingung wurde am 5. November 2004 erfüllt, nachdem Russland das Protokoll ratifiziert hatte. 90 Tage danach, am 16. Februar 2005, trat das Kyoto-Protokoll in Kraft[16]. Heute haben 191 Staaten das Protokoll ratifiziert[17]. Mit dem Inkrafttreten des Protokolls werden erstmals völkerrechtlich verbindliche Ziele zur Begrenzung und Reduktion von Treibhausgasemissionen vorgeschrieben.

2.3.1. Die flexiblen Mechanismen

Das Kyoto-Protokoll sieht mehrere flexible Mechanismen vor, mit denen die Vertragsparteien ihre Ziele erreichen können. Die Staaten, die einer Emissionsminderungspflicht unterliegen, müssen diese nicht vollständig durch emissionsmindernde Maßnahmen im eigenen Land erfüllen. Auf der Vertragsstaatenkonferenz von Marra-

---

[12] Hierbei handelt es sich um die in Anhang B des Kyoto-Protokolls aufgelisteten Staaten.

[13] Diese Treibhausgase sind in Anlage A des Kyoto-Protokolls aufgeführt. Es handelt sich um: Kohlendioxid (CO_2), Methan (CH_4), Distickstoffoxid (N_2O), Teilhalogenierte Fluorkohlenwasserstoffe (H-FKW/HFC), Perfluorierte Kohlenwasserstoffe (FKW/PFC), Schwefelhexafluorid (SF_6).

[14] Art. 3 Abs. 1 Kyoto-Protokoll.

[15] Art. 25 Abs. 1 Kyoto-Protokoll.

[16] Art. 25 Abs. 1 Kyoto-Protokoll.

[17] Vgl. UNFCCC (2007).

kesch[18] wurde ein Paket von Entscheidungen zur Ausgestaltung und Umsetzung des Kyoto-Protokolls verabschiedet. Dieses umfasst unter anderem ein System der Erfüllungskontrolle zur Nutzung der sog. Kyoto-Mechanismen. Jene dienen der Anrechenbarkeit von Senken sowie der Förderung des Klimaschutzes in den Entwicklungsländern[19].

Die Nutzung dieser flexiblen Mechanismen soll nur ergänzend zu den im eigenen Land ergriffenen Maßnahmen erfolgen. Zu ihnen gehören die anrechenbaren Emissionsminderungen im Rahmen eines Projekts in gemeinsamer Umsetzung durch Industriestaaten (Joint Implementation, JI) nach Artikel 6 des Kyoto-Protokolls, die anrechenbaren Emissionsminderungen im Rahmen des Mechanismus zur umweltverträglichen Entwicklung (Clean Development Mechanism, CDM) nach Artikel 12 des Kyoto-Protokolls und der Handel mit Emissionszertifikaten nach Artikel 17 des Kyoto-Protokolls. Diese werden im Folgenden etwas genauer betrachtet.

2.3.1.1. Joint Implementation

Nach Artikel 6 des Kyoto-Protokolls steht den Industriestaaten nachkommende Möglichkeit zur Verfügung[20].

Ist ein Staat im Annex B des Kyoto-Protokolls aufgeführt, so kann er durch Umsetzung emissionsmindernder Maßnahmen in einem anderen Annex B Staat zusätzliche Emissionsrechte für seine heimischen Schadstoffproduzenten erwerben. Voraussetzung dafür ist, dass das Projekt von den Vertragparteien gebilligt wurde und zu zusätzlichen Emissionsreduktionen führt[21]. Zudem ist klargestellt, dass der Erwerb von Emissionsreduktionseinheiten[22] in einem anderen Staat lediglich eine Ergänzungsmaßnahme zu nationalen Maßnahmen zur Emissionsreduktion sein kann.

---

[18]   vom 29. Oktober bis zum 9. November 2001 fand in Marrakesch (Marroko) die 7. Vertragsstaatenkonferenz der Klimarahmenkonvention statt.

[19]   Dies sind die sog. „The Marrakesh Accord".

[20]   Für eine umfassende Darstellung des Mechanismus vgl. Oberthür, S./ Ott, H. (2007) S.205ff; vgl. auch Luhmann, H.-J. (1997).

[21]   Artikel 6 Abs. 1 a-d Kyoto-Protokoll.

[22]   Emission Reduction Units (ERU): Emissionreduktionseinheiten, die im Rahmen von Joint Implementation Projekten entstehen und vom Gastland ins Investionsland transferiert und dort gutgeschrieben werden.

Der JI-Mechanismus ermöglicht es Ländern mit relativ hohen spezifischen Kosten der Emissionsreduktion ihren Verpflichtungen durch Investitionen in Ländern mit leichter erzielbaren Einsparungen nachzukommen. Besonders im Hinblick auf die im Annex B vertretenen osteuropäischen Staaten könnte meiner Meinung nach diese Möglichkeit geschaffen worden sein, denn neben der Senkung des Ausstoßes von Treibhausgasen könnte damit gleichzeitig die notwendige Modernisierung der ehemals kommunistischen Ökonomien vorangetrieben werden.

Grundidee des Joint Implementation ist, dass es zweitrangig ist, wo die Emission abgebaut wird. Entscheidend ist nur, dass sie abgebaut wird.

2.3.1.2. Clean Devolopment Mechanism

Die Voraussetzungen und Anforderungen an den Clean Development Mechanism sind in Artikel 12 des Kyoto-Protokolls definiert[23].

Demnach kann ein Staat im Annex B des Kyoto-Protokolls bei einem Staat, welcher dort nicht aufgeführt ist, zusätzliche Emissionsrechte für seine heimischen Schadstoffemissionen erwerben. Voraussetzung ist wie beim JI, dass das Projekt von den Vertragsparteien gebilligt wurde und zu zusätzlichen Emissionsreduktionen führt[24]. Die so genannten zertifizierten Emissionsreduktionen[25] können die Annex B Staaten als Beitrag zur Erfüllung der in Art.3 KP genannten Emissionsbegrenzungs- und - reduktionsverpflichtungen verwenden.

Damit besteht die Möglichkeit dort die Treibhausgasemissionen zu verringern, wo es betriebswirtschaftlich am günstigsten möglich ist. Ein positiver Nebeneffekt könnte einerseits für Industriestaaten gegeben sein. Durch Investitionen in Entwicklungsländer, also in Länder die nicht im Annex B aufgeführt sind, wird das Reduktionsziel einfacher, nämlich kostengünstiger erreicht. Andererseits profitieren diese Staaten von einer Modernisierung und dem dringend notwendigen Transfer von neuester Technologie.

---

[23] Für eine umfassende Darstellung des Mechanismus vlg. Oberthür, S./ Ott, H. (2007) S.221ff.
[24] Art. 12 Abs. 5 Kyoto-Protokoll.
[25] Certified Emission Reductions: Emissionsreduktionseinheiten von Projekten im Rahmen des Clean Development Mechanismus.

2.3.1.3. Emissions Trading

Der dritte und wohl populärste Mechanismus ist das Emissions Trading (Emissionshandel). Er ist verankert im Artikel 17 des Kyoto-Protokolls und in den Modalitäten, Regeln und Leitlinien für den Emissionshandel[26].

Diese Regelung bildet die Basis für den Emissionshandel in der Europäischen Gemeinschaft[27]. Ein Industriestaat (Annex B Staat) könnte innerstaatlich die Emissionsminderungspflicht durch ordnungsrechtliche Regelungen einhalten und sich auf internationaler Ebene am Emissionshandel beteiligen[28]. Nach Ziffer 5 der Leitlinien zu Artikel 17 können die Staaten aber auch juristische Personen zum Handel mit Emissionseinheiten zulassen. Juristische Personen können z.B. Unternehmen sein. Handelsobjekt sind zum einen die Emissionseinheiten, die dem Umfang der in Annex B des Kyoto-Protokolls zugesicherten Maximalemissionen entsprechen. Die Staaten, die ihre ursprünglich zugewiesenen Mengeneinheiten nicht benötigen, können diese an andere verkaufen[29]. Zum anderen können die Vertragsparteien mit den in internationalen Projekten oder durch Schaffung von Senken generierten Emissionseinheiten handeln[30]. Auch der Emissionshandel soll nach Artikel 17 Satz 3 des Kyoto-Protokolls nur ergänzend neben den eigenen Minderungsmaßnahmen zum Einsatz kommen.

Für die Bestimmung der Gesamtemissionsmenge im Rahmen des Emissionshandels kann insbesondere der zwischenstaatliche Emissionshandel Bedeutung erlangen. Bleiben die Gesamtemissionsmenge im Emissionshandel und die Klimaschutzbestrebungen in den übrigen Sektoren hinter den Kyoto-Zielen zurück, muss der Ausgleich dieser Emissionen durch den Ankauf von Emissionseinheiten auf dem zwischenstaatlichen Markt erfolgen.

---

[26] Modalities, rules and guidelines for emissions trading under Article 17 of the Kyotoo Protocol, UN Doc. FCCC/CP/2001/13/Add.2, S.25ff.

[27] Siehe auch Kapitel 2.4. Die Richtlinie 2003/87/EG.

[28] Vgl. Rengeling, H.-W. (2001) S.189ff.

[29] In diesem Zusammenhang wird das Problem einer unterbleibenden Netto-Emissionsminderung auf Grund des Verkaufes „heißer Luft" diskutiert. Mit „heißer Luft" werden Emissionsminderungen bezeichnet, welche die Folge einer Betriebsaufgabe aus wirtschaftlichen Gründen sind, wie insbesondere Russland und der Ukraine. Ausführlich siehe: Oberthür, S./ Ott, H. (2007) S.189 und S.197ff.

[30] Modalities, rules and guidelines for emissions trading under Article 17 of the Kyotoo Protocol, UN Doc. FCCC/CP/2001/13/Add.2, S.25ff.

2.4. Die Richtlinie 2003/87/EG

Die Europäische Gemeinschaft befasst sich seit 1990 näher mit der Problematik der Treibhausgase und deren Reduktion[31]. Mit dem Ziel, wirksame, gemeinschaftsweite Klimaschutzmaßnahmen zu schaffen, hat die Europäische Kommission eine Mitteilung über politische Konzepte und Maßnahmen der EU zur Verringerung der Treibhausgasemissionen herausgegeben. In Verbindung hiermit hat sie das Europäische Programm zur Klimaänderung (ECCP)[32] ins Leben gerufen.

Ausgangspunkt ist die Verpflichtung der Europäischen Gemeinschaft im Kyoto-Protokoll, die Treibhausgasemissionen um 8% gegenüber dem Stand von 1990 zu senken. Nach Ansicht der Kommission ist der Handel mit Treibhausgasberechtigungen ein umweltpolitisches Instrument, mit dem diese Reduktionspflichten besonders kosteneffizient erfüllt werden können. Es ist auch eines jener Instrumente, die den Wettbewerb am wenigsten beeinträchtigen[33].

Nach einigen Konferenzen und Verhandlungen[34] über die Details dieses Handels wurde am 25. Oktober 2003 die Richtlinie in ihrer endgültigen Fassung verabschiedet[3536]. Der frühzeitige Start des Emissionshandels in der EU 2005 soll es ermöglichen, vor Beginn der Verpflichtungsperiode 2008 bis 2012 nach dem Kyoto-Protokoll Erfahrungen mit diesem neuen Instrument zu sammeln. Ab 2008 ist der Handel mit Drittstaaten möglich. Das EU-Handelssystem soll so ausgelegt sein, dass es in seinen wesentlichen Bestandteilen für den internationalen Handel übernommen werden kann. Es sollen auf diese Weise größere Umstellungen vermieden werden.

Die Richtlinie bedient sich zudem einer veränderten Terminologie. So ist die Bezeichnung „Treibhausgasberechtigung" durch den Begriff „Treibhausgaszertifikat"

---

[31] Einhergehend mit dem ersten Bericht des IPCC, in dem die wissenschaftlichen Grundlagen des Klimawandels nach eingehender Prüfung durch mehrere hundert führende Wissenschaftler dargelegt wurde. Vgl. Giesberts/Hilf (2002) S.40.

[32] Politische Konzepte und Maßnahmen der Gemeinschaft zu Verringerung der Treibhausgasemissionen: zu einem Europäischen Programm zur Klimaänderung (ECCP), KOM(2000) 88.

[33] Vgl. hierzu das Grünbuch KOM (2000) 87 S.4.

[34] zu nennen ist hier besonders die Vertragsstaatenkonferenz von Marrakesh, wo ein Richtlinienvorschlag für ein gemeinschaftsweites System für den Handel mit Treibhausgasberechtigungen vorgelegt wurde.

[35] Richtlinie 2003/87/EG.

[36] Vgl. auch Richtlinie 2004/101/EG des Europäischen Parlaments und des Rates vom 27. Oktober 2004 zur Änderung der Richtlinie 2003/87/EG über ein System über den Handel mit Treibhausgasemissionszertifikaten in der Gemeinschaft im Sinne der projektbezogenen Mechanismen des Kyoto-Protokolls.

ersetzt worden. Dies könnte auf die höhere Gebräuchlichkeit des Ausdrucks Zertifikat zurückzuführen sein. Ein Zertifikat erlaubt nach Art.3 Abs.1 der Richtlinie die Emission, eine Tonne Kohlendioxidäquivalent[37] in einem bestimmten Zeitraum zu emittieren.

Im Hinblick auf die Grundpflicht von Verantwortlichen genügend Zertifikate für die verursachten Treibhausgasemissionen zu besitzen, sieht die Richtlinie die Überwachung von Emissionen durch die Verantwortlichen selbst vor[38]. Die Ergebnisse sind der zuständigen Behörde in Form eines durch einen zugelassenen Gutachter verifizierten Emissionsberichts jährlich mitzuteilen. Falls nicht genügend Zertifikate vorhanden sein sollten um die verursachten Emissionen zu decken, müssen weitere Zertifikate hinzugekauft werden. Sollte dies nicht der Fall sein - es können also nicht genügend Zertifikate am festgesetzten Stichtag vorgewiesen werden - so sieht die Richtlinie die Verhängung von Sanktionen vor. Die Namen der Betreiber, welche die Vorschriften nicht einhalten, sollen veröffentlicht werden[39]. Zudem wird ein Bußgeld für Emissionsüberschreitungen für jede von der Anlage ausgestoßenen Tonne CO_2-Äquivalent von 100€ verhängt[40]. Während der ersten Zuteilungsperiode von 2005 bis 2008 ist dieser Betrag auf 40€ herabgesetzt[41].

Für den Fall, dass Verantwortliche ihren Emissionsbericht nicht bis zum vorgesehenen Zeitpunkt bei der zuständigen Behörde vorlegen, sieht die Richtlinie eine vorübergehende Übertragungssperre für Zertifikate des jeweiligen Verantwortlichen vor[42].

2.5. Die Grundfreiheiten des EGV i.V.m der Richtlinie 2003/87/EG

Bei der Einführung eines europaweiten Emissionshandelssystems durch die oben genannte Richtlinie sind die Vorgaben des EG-Rechts zu beachten. In den folgenden Ausführungen werden hier die Grundfreiheiten des EGV untersucht. Auf Grund des

---

[37] Eine Tonne Kohlendioxid bedeutet eine metrische Tonne CO_2 oder eine Menge eines anderen in Anhang II aufgeführten Treibhausgases mit einem äquivalenten Erderwärmungspotenzial.
Vgl. Richtlinie 2003/87/EG Art. 3 j).
[38] Richtlinie 2003/87/EG Art. 14 Abs. 3.
[39] Richtlinie 2003/87/EG Art. 16 Abs. 2.
[40] Richtlinie 2003/87/EG Art. 16 Abs. 3.
[41] Richtlinie 2003/87/EG Art. 16 Abs. 4.
[42] Für ausführlichere Informationen vgl. Giesberts/Hilf (2002) S.43ff.

Umfanges dieses Themas werde ich nur einen kurzen, für mein Thema relevanten Einblick geben, da der Rahmen dieser Arbeit sonst nicht ausreichen würde.

2.5.1. Warenverkehrsfreiheit, Art. 23 ff. EGV

Waren im gemeinschaftlichen Sinn sind alle beweglichen Güter, mithin alle körperlichen Gegenstände, die einen Geldwert haben, über eine Grenze verbracht werden und deshalb Gegenstand von Handelsgeschäften sein können[43]. In erster Linie stellen Emissionszertifikate keine körperlichen Gegenstände dar. Jedoch können sie für das einzelne Unternehmen durchaus einen Geldwert haben, nämlich dann, wenn überschüssige Zertifikate am Markt gehandelt werden können. Somit kommen sie als Gegenstand von Handelsgeschäften grundsätzlich in Betracht.

Fraglich ist aber, inwieweit das Merkmal der Körperlichkeit für die Einordnung als Ware konstitutiv ist. Zertifikate werden innerhalb eines elektronischen Verzeichnisses gehandelt und verwaltet. Durch das Recht eine bestimmte Menge an Treibhausgasen emittieren zu dürfen, kommen sie damit nichtkörperlichen Rechten gleich[44]. Es scheint, dass der EuGH konsequent am Erfordernis der Körperlichkeit festhält, weil sonst eine Abgrenzung zu anderen Grundfreiheiten erschwert werden würde. Als Waren werden Emissionszertifikate daher nicht angesehen werden können. Die Richtlinie zum Handel mit Treibhausgaszertifikaten hat also keine Einschränkung der Freiheit des Warenverkehrs zur Folge.

2.5.2. Dienstleistungsfreiheit, Art. 49 ff. EGV

In Art. 50 EGV ist definiert, was eine Dienstleistung ist. Es geht hier um gewerbliche, kaufmännische, handwerkliche und freiberufliche Tätigkeiten. Es muss sich also um eine wirtschaftliche und entgeltliche Tätigkeit handeln. Bei Dienstleistungen steht die Tätigkeit, also die Leistung im Vordergrund. Als Tätigkeit könnte die staatliche Allokation der Berechtigungen durch die Mitgliedsstaaten gesehen werden. Danach werden

---

[43] EuGH, Rs. C-2/90, Slg. 1992, I-4431.

[44] Das EG-Recht klassifiziert auch geistiges Eigentum, mithin Urheberrechte, Copyrights, etc., nicht als Ware. Der EuGH geht in der Entscheidung Phil Collins u.a., EuGH, Rs. C-92/92 und. C-326/92, Slg. 1993, I-5145, davon aus, dass diese Rechte einen Charakter sui generis haben.

die Treibhausgasberechtigungen auf Unternehmensebene gehandelt, sodass nicht mehr die Verteilung der Erlaubnis im Vordergrund steht.

Bei Emissionszertifikaten verliert ein Unternehmer seine Berechtigung, Treibhausgase in einer bestimmten Menge zu emittieren vollständig, wenn er ein Zertifikat an einen anderen Unternehmer veräußert. Diese übertragbaren Erlaubnisse stellen keine Dienstleistungen dar. Zudem verstieße die Qualifikation als Dienstleistung auch gegen den Wortlaut des Artikel 50 EGV, wonach eine solche nur dann in Frage kommt, wenn der Sachverhalt nicht unter die anderen Grundfreiheiten fällt.
Eine Einordnung von Treibhausgasberechtigungen als Dienstleistung ist meines Erachtens abzulehnen.

2.5.3. Niederlassungsfreiheit, Art. 43 ff. EGV

Die Niederlassungsfreiheit gewährt sowohl natürlichen als auch juristischen Personen das Recht, sich in jedem Mitgliedstaat der Union ungehindert niederzulassen[45]. Eine Beschränkung durch den Emissionshandel läge vor, wenn es einem einzelnen Betreiber einer emittierenden Anlage durch den Zertifikatehandel erschwert würde, sich in einem anderen Mitgliedsland niederzulassen. Dies wäre z.B. dann der Fall, wenn der Betreiber ein im eigenen Land erworbenes Treibhausgaszertifikat nicht in einem anderen Mitgliedsland zur Erfüllung seiner Reduktionsverpflichtungen nutzen könnte. Dies könnte deshalb der Fall sein, weil die Märkte und Handelssysteme voneinander getrennt sind. Aber gerade diese Trennung soll nach der Emissionshandelsrichtlinie nicht stattfinden. Die Mitgliedsstaaten haben vielmehr dafür Sorge zu tragen, dass die in einem Staat erworbenen Zertifikate ebenfalls zur Erfüllung der Reduktionsverpflichtungen in anderen Staaten der Gemeinschaft eingesetzt werden können[46].
Die Emissionshandelsrichtlinie fällt demnach in den Bereich der Niederlassungsfreiheit nach Art. 43 EGV.

---

[45] Vgl. Nagel, B. (1999) S.83f.
[46] Richtlinie 2003/87/EG Art. 12.

2.5.4. Kapitalverkehrsfreiheit, Art. 56 ff. EGV

Treibhausgasberechtigungen könnten als Kapital eingeordnet werden und damit den Bestimmungen des EG-Vertrages über die Freiheit des Kapitalverkehrs unterliegen. Aus der Richtlinie 88/361/EWG des Rates vom 24. Oktober 1988[47] ist zu entnehmen, dass u.a. unter die Bestimmungen des Vertrages über den freien Kapitalverkehr Geschäfte mit Aktien, Schuldverschreibungen und anderen Wertpapieren, die einen Geldwert haben und Gegenstand von Handelsgeschäften sein können, fallen.

Bei Emissionszertifikaten handelt es sich um ein Wertpapier im Sinne von § 1 Abs. 11 Satz 2 Nr. 2 KWG, also um ein mit einer Schuldverschreibung vergleichbares Wertpapier[48]. Solche Wertpapiere fallen unter Art. 56 EGV. Im Falle der Kapital- und Zahlungsverkehrsfreiheit soll Geld und Kapital frei zwischen den Mitgliedsstaaten fließen können. Dabei ist vor allem der freie Fluss von Geld und Sachkapital zu Anlage- und Investitionszwecken gemeint[49].

Durch den Erwerb von Zertifikaten können Investitionen in Vermeidungsmaßnahmen unterbleiben. Durch die Investition in Vermeidungsmaßnahmen können freigewordene Lizenzen dem Kapital eines Unternehmens zugerechnet werden. Kapital soll ungehindert dorthin fließen können, wo es den höchsten Ertrag bringt. Dieser Zweck ist das Kernstück der Kapitalverkehrsfreiheit des EG-Vertrages. Die Emissionshandelsrichtlinie berührt daher neben der Niederlassungsfreiheit auch die Kapital- und Zahlungsverkehrsfreiheit.

2.6. Vereinbarkeit mit dem Grundgesetz

Ob eine Versteigerung von Zertifikaten zulässig ist, hängt davon ab, ob es ein Recht gibt, kostenlos zu emittieren. Dieser Streit ist auch bekannt geworden als „Grundrecht auf Umweltverschmutzung"[50]. Es kann dabei bereits festgehalten werden, dass Art.14 GG kein Recht der kostenlosen Nutzung der Luft für Emissionen beinhaltet.

---

[47]   ABl. EG Nr. L 178, S.5.
[48]   Nähere Ausführungen hierzu vgl. Sattler, A. (2004).
[49]   Vgl. Nagel, B. (1999) S.91.
[50]   Vgl. Hansmeyer, K.-H. (1994) S.169.

Seit dem Nassauskiesungsbeschluss des Bundesverfassungsgerichts[51] ist geklärt, dass das Eigentum an Grundstücken nicht auch das Recht der Nutzung der mit dem Grundstück verbundenen natürlichen Ressourcen umfasst[52]. Die Luft ist dem Grundstück nicht nach Art eines Ausschließlichkeitsrechts zu privatem Nutzen zugeordnet[53].

Es ist jedoch fraglich, ob Art. 12 GG ein Recht auf kostenlose Nutzung der Umweltressourcen beinhaltet. Nach traditionellem, abwehrrechtlichem Grundrechtsverständnis[54] umfasst die vorstaatliche Freiheitssphäre auch die Nutzung natürlicher Ressourcen. Dies ergibt sich aus den Kernsätzen der liberalen Grundrechtstheorie. So schützt, nach herkömmlicher Auffassung, Art. 12 Abs. 1 GG damit auch die Freiheit, natürliche Ressourcen in Anspruch zu nehmen. Diese kann durch die unmittelbare Nutzung der Ressource selbst, aber auch durch die Emission von Schadstoffen geschehen.

Zwar können die Freiheitsrechte durch den Gesetzgeber beschränkt werden, aber jede Grundrechtseinschränkung muss ihrerseits den Grundsatz der Verhältnismäßigkeit beachten. Somit ist dem Staat zwar nicht jede Beschränkung des freien Zugriffs auf natürliche Ressourcen untersagt, aber er muss diese Beschränkung vor den Grundrechten rechtfertigen.

Die Vorstellung, es sei Teil der vorstaatlichen Freiheitssphäre, Umweltressourcen zu nutzen, passt allenfalls in eine vorindustrielle Zeit, in der Umweltprobleme noch unbekannt waren. Inzwischen hat sich gezeigt, dass Umweltressourcen nicht unbegrenzter Nutzung unterliegen und somit ein knappes Gut darstellen. Es könnte sich also hier um Verteilungsentscheidungen handeln. Der Sache nach lässt sich daher Umweltnutzung als Teilhabe an einem Gut der Allgemeinheit deuten[55].

---

[51]   BVerfG 58, 300.
[52]   Vgl. Bender/Sparwasser/Engel (2000) S.252.
[53]   BVerwG DÖV 2006, 116 (117).
[54]   Vgl. Böckenförde, E.-W. (1991) S.119.
[55]   Vgl. Murswiek, D. (1994) S.79.

3. Der Emissionshandel für den Luftverkehr

Der internationale Luftverkehr trägt zum Zusammenwachsen der verschiedenen Kulturen der Welt bei und fördert die globale Integration. Er ist fester Bestandteil der Gesellschaft der 21. Jahrhunderts. Leider ist er auch ein wichtiger Emittent von CO_2 und anderen Treibhausgasen, die das Klima verändern und zum anthropogenen Treibhauseffekt beitragen. Die Luftfahrt trägt zur EU-Wertschöpfung zwar nur 0,6% bei[56], ist allerdings mit ca. 3% an den gemeinschaftlichen Treibhausgasemissionen beteiligt[57]. Dabei ist ein Großteil dieser Emissionen auf den internationalen Flugverkehr zurückzuführen. Dieser ist nicht an die Ziele aus dem Kyoto-Protokoll gebunden. Somit braucht sich der Luftfahrtsektor in keiner nennenswerten Form an dem Einschränken des Klimawandels beteiligen. Er ist zugleich einer der Sektoren, denen mittel- und langfristig deutliche Zuwachsraten zugesagt werden.

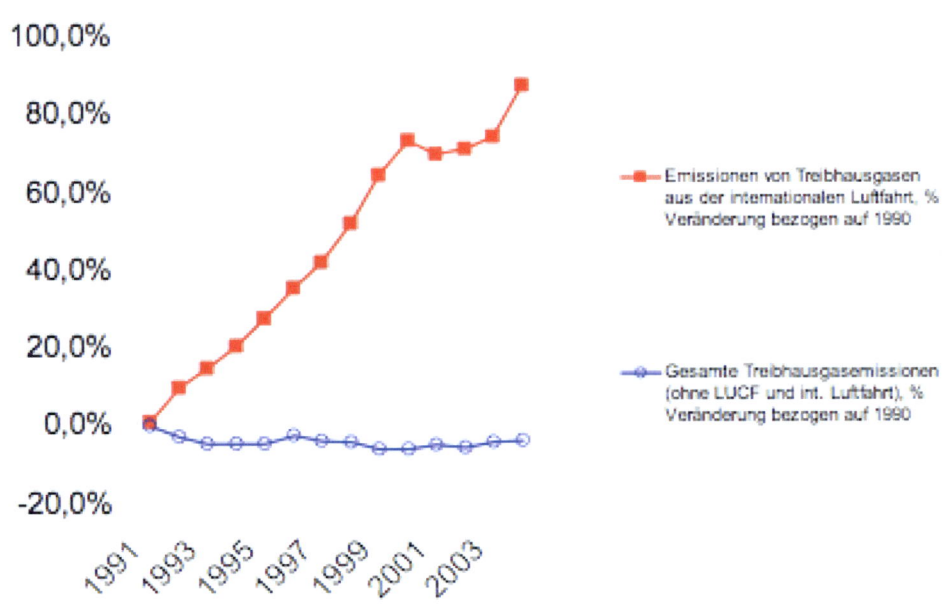

Abb. 1: Entwicklung der THG-Emissionen der EU-25 aus dem internationalen Flugverkehr (Quelle: EWR)

In Abbildung 1 kann man erkennen, dass die THG-Emissionen der EU aus dem internationalen Luftverkehr 2004 um 87% gegenüber 1990 zugenommen haben.

---

[56]   EUROSTAT; Statistics in focus, 37/2005.
[57]   EU-Kommission (2006b), S.3.

Gleichzeitig wurden durch verschiedene politische Maßnahmen die Gesamtemissionen aus anderen Sektoren verringert. Es ist davon auszugehen, dass sich der Luftverkehr bis 2020 mehr als verdoppeln wird[58]. Neue Regelungen sind somit erforderlich, damit die zunehmenden Luftverkehrsemissionen die Anstrengungen anderer Sektoren nicht untergraben.

Nach Prüfung verschiedener Möglichkeiten hat die EU-Kommission beschlossen, ein neues marktorientiertes Instrument einzuführen anstelle von anderen finanziellen Maßnahmen wie z.B. Steuern und Abgaben[59]. Sie ist der Auffassung, „.... dass der beste Weg aus wirtschaftlicher und ökologischer Sicht darin besteht, die Klimaauswirkungen des Luftverkehrs in das [bereits bestehende europäische] Emissionshandelssystem einzubeziehen".

Die verschiedenen Optionen für einen solchen Emissionshandel, die Schwierigkeiten bei dessen Erarbeitung und die Auswirkungen werden im weiteren Verlauf dieses Kapitels näher erläutert.

3.1. Ausgestaltung eines Emissionshandelssystems

Der internationale Luftverkehr ist von den Reduktionsverpflichtungen des Kyoto-Protokolls ausgenommen. Er kann also nur über Nebenwege am bereits bestehenden Emissionshandel teilnehmen. Es kann hierbei zwischen drei möglichen Alternativen unterschieden werden[60].

Geschlossener Emissionshandel:
Dieses Handelssystem bezieht sich nur auf den Luftfahrtsektor. Eine Vermischung mit dem bereits bestehenden, flexiblen Mechanismen des Kyoto-Protokolls findet nicht statt. Zertifikate, die nach dem Kyoto-Protokoll erworben werden können und die zur Emission von Treibhausgasen berechtigen, sind nicht auf den internationalen Luftverkehr übertragbar und umgekehrt.

---

[58]   EU-Kommission (2006b), S.4.
[59]   EU-Kommission (2006b).
[60]   Cames, M./ Deuber, O. (2004), S.49.

Es dürften also nur die Fluggesellschaften untereinander handeln. Somit könnte der Fall eintreten, dass nicht genügend Verschmutzungsrechte am Markt vorhanden sind und somit die Kosten für die Zertifikate aufgrund der hohen Nachfrage stark steigen würden.

Offener Emissionshandel:

Ein offener Emissionshandel bedeutet, dass der Luftfahrtsektor vollständig dazu berechtigt ist, mit Emissionsrechten nach dem Kyoto-Protokoll zu handeln. Es besteht ohne Einschränkung die Möglichkeit, Emissionszertifikate von anderen Industriebranchen zuzukaufen, falls die zugeteilten Zertifikate nicht zur Deckung der emittierten Schadstoffe ausreichen.

Halboffener Emissionshandel:

Der halboffene Emissionshandel ist eine Mischung aus den beiden anderen. Hierbei erhält der Flugverkehr Emissionsrechte und kann ebenfalls weitere Zertifikate zukaufen. Emissionsrechte aus dem internationalen Luftverkehr werden jedoch nicht im Rahmen des Emissionshandels nach dem Kyoto-Protokoll anerkannt. Es besteht somit ein eingeschränkter Handel[61]. Diese Möglichkeit könnte aufgrund der komplexen Wirkung der luftverkehrsbedingten Emissionen auf das Klima sinnvoll sein.

Ein geschlossenes Emissionshandelssystem hat den Vorteil, dass tatsächlich Anstrengungen zur Reduktion von Emissionen im Luftverkehr unternommen werden, da das Wachstum des Sektors direkt begrenzt wird. Es bietet einen starken Anreiz zur Optimierung der Flüge unter klimatischen Gesichtspunkten, zur technischen Modernisierung in verbrauchsärmere Flugzeuge sowie zur kompletten Vermeidung von Flügen. Ein solches System kann unabhängig neben dem Emissionshandel unter dem Kyoto-Protokoll eingeführt werden und agieren. Dadurch wäre die Verwaltung vergleichsweise einfach, da keine Vereinbarkeit mit dem Kyoto-Protokoll sichergestellt werden müsste.

Der große Nachteil eines geschlossenen Systems liegt in der Kosteneffizienz. Die Grenzvermeidungskosten für Emissionsreduktionen sind im Luftverkehr gegenüber

---

[61] Vgl. Stockmann U./ Häfner, S. (2006), S.11.

anderen Sektoren hoch[62]. Weil es auf Mittel- und Langstreckenflügen keine vergleichbaren Alternativtransportmittel gibt, ist die Nachfrage weitgehend unelastisch, d.h. der Kunde kann nicht auf ein anderes Transportmittel umsteigen. Solange die Emissionsminderungsziele nicht durch Technologie und Flugoptimierung erreicht werden, bleibt nur die Vermeidung von Flügen als Möglichkeit der Reduktion. Sehr zum Nachteil der Umwelt müsste aus wirtschaftlichem Blickpunkt bei einem geschlossenen System das Minderungsziel deutlich niedriger angesetzt werden, als es in einem offenen der Fall wäre.

Die International Civil Aviation Organization (ICAO) empfiehlt daher ein offenes System[63]. Ein offenes Emissionshandelssystem ist effizienter als die anderen, da an den Orten Emissionsreduktionen stattfinden, wo sie am kostengünstigsten sind. Die Menge der Treibhausgasminderungen kann höher angesetzt werden, weil die Reduktionen nicht ausschließlich im Luftverkehr vollzogen werden müssen, sondern auch durch den Zukauf von Emissionsrechten aus anderen Sektoren ersetzt werden können, in denen die Grenzvermeidungskosten geringer sind. Durch eine Integration des Luftverkehrs würde auch die Liquidität des Marktes erhöht[64]. Um ein offenes System etablieren zu können, müssen zwischen dem Luftverkehr und dem Emissionshandel unter dem Kyoto-Protokoll Regelungen zur Vergleichbarkeit der Emissionsrechte getroffen werden[65].

Eine weitere Möglichkeit ist die Etablierung eines halboffenen Systems. Ein solches könnte ebenso effizient sein wie ein offenes. Es kann davon ausgegangen werden, dass der internationale Luftverkehr in Zukunft weiter hohe Wachstumsraten aufweisen wird und daher die Potenziale, den Ausstoß von Treibhausgasen zu mindern, gering sind. Die Grenzvermeidungskosten werden weiterhin relativ hoch sein, sodass der Luftverkehr wahrscheinlich als Netto-Käufer von Zertifikaten auftreten wird. Der internationale Flugverkehr würde bei diesem System nicht absolut begrenzt, sondern allein mit den Kosten der Emissionsrechte belastet. So dürfte es wegen der eben

---

[62]   Vgl. Cames M./ Deuber, O. (2004), S.50.

[63]   Vgl. Cames M./ Deuber, O. (2004), S.50.

[64]   Vgl. ICAO/CAEP (2000).

[65]   Vgl. Kapitel 3.4. Die Einbindung des Luftverkehrs in den EU-Emissionshandel.

angesprochenen, geringen Elastizität im internationalen Luftverkehr nur in begrenztem Umfang zu Vermeidungsaktivitäten kommen.

3.2. Geographischer Anwendungsbereich

Nach Auffassung der Kommission sollte ein praktikables System für einen Emissionshandel erarbeitet werden, welches auf den EWR erweitert werden kann und eventuell auch als Modell für die weltweite Ausweitung des Systems dienen könnte.[66] Als geographische Anwendungsbereiche für eine Ausweitung des Emissionshandels auf den Luftverkehr bieten sich verschiedene Möglichkeiten. Es stellt sich die Frage auf welchen Flugrouten der Fluggesellschaften das EU ETS angewendet werden könnten. Folgende Optionen wurden in einer Machbarkeitsstudie[67] untersucht:

Szenario 1: Intra EU-Routen
Nach dem Szenario 1 sollen Inlandsflüge der 25 EU-Mitgliedstaaten sowie Flüge zwischen den Mitgliedstaaten erfasst werden, jedoch ausschließlich nur Flüge in Europa. So genannte Inlandsflüge zu den überseeischen Territorien wie beispielsweise Französisch Polynesien oder die Kaiman Inseln, sowie zu UPRs wie z.B. die Azoren oder Kanaren sind hierbei nicht inbegriffen. Da jedoch gerade diese Flüge über weite Strecken verlaufen, ist ein Auslassen dieser Routen wenig nachvollziehbar.

Szenario 2a: Intra-EU und 50% der Emissionen auf Flügen von und zur EU
Szenario 2a deckt sämtliche inländische Flüge sowie Flüge zwischen den Mitgliedstaaten ab. Hinzu kommt die Hälfte der Emissionen von internationalen Flügen zu und von Drittländern die in der EU starten bzw. landen.

Szenario 2b: Emissionen aller startenden Flüge von EU-Flughäfen
Auch das Szenario 2b deckt wie 2a ebenfalls alle Intra-EU Flüge ab. Hinzu kommen sämtliche Emissionen von Flügen von der EU in Drittländer. Emissionen von Flügen, die in der EU landen und aus Drittstaaten ankommen, sollen nicht erfasst werden. Es

---

[66] EU-Kommission (2006a), S.13.
[67] Vgl. CE Delft (2005).

ist davon auszugehen, dass die Menge der erfassten Emissionen der Szenearien 2a und 2b annähernd gleich sind.

Szenario 3: Alle Emissionen im EU Luftraum

Szenario 3 bezieht sich auf die durch den Luftverkehr verursachten Emissionen im EU Luftraum. Die Schwierigkeit hierbei ist es, den EU-Luftraum genau zu definieren. In der Studie wurde von der Basis der Flight Information Regions (FIRs) der Europäischen Mitgliedstaaten ausgegangen. Diese FIRs, die der Aufsicht der EUROCONTROL[68] unterliegen, umfassen neben den nationalen Territorien der Mitgliedstaaten auch Bereiche der internationalen Gewässer.

Erfasst werden somit alle Flüge vom ersten Eintritt in den EU Luftraum, d.h. dem Start von einem EU-Flughafen, sowie alle Flüge, die in der EU landen.

Szenario 4: Alle Emissionen von startenden Flügen von EU-Flughäfen plus die verbleibenden Emissionen im EU Luftraum

Das Szenario 4 ist eine Kombination aus 2b und 3. In Szenario 2b sollen alle Emissionen erfasst werden von Flügen, die von einem EU-Flughafen starten (auch Intra-EU Flüge). Hinzu kommen im Szenario 4 alle verbleibenden Emissionen, die im EU Luftraum verursacht werden. Also Emissionen von Flügen aus Drittländern in die EU sowie Flüge, die zwar nicht in der EU landen oder starten, jedoch Gebrauch vom EU Luftraum machen.

Szenario 5: Intra-EU + Routen zu und von Drittstaaten die das Kyoto-Protokoll ratifiziert haben

Das Szenario 5 ist ein routenbasiertes System, welches an das Kyoto-Protokoll geknüpft ist. Die Idee ist, dass alle internationalen Flugrouten zwischen den Annex B Staaten, die das Protokoll ratifiziert haben, in das Emissionshandelssystem integriert werden. Für EU-Mitgliedstaaten würde das bedeuten, dass in diesem Szenario neben den Intra-EU Flügen auch die Emissionen von Flügen zwischen diesen EU-

---

[68] Die EUROCONTROL (International Convention relating to cooperation for safety of Air Navigation) ist eine europäische, supranationale Organisation für Flugsicherung, die 1963 gegründet wurde.

Staaten und Drittländern erfasst werden, die an dem EU ETS teilnehmen wollen. Um die Menge an Emissionen in diesem Szenario bestimmen zu können, wurde unterstellt, dass die Annex B Staaten, die das Protokoll ratifiziert haben, auch an dem routenbasierten Emissionshandelssystem teilnehmen.

Routes	Scenarios					
	Scen. 1	Scen. 2a	Scen. 2b	Scen. 3	Scen. 4	Scen. 5
Intra-EU routes						
Domestic EU States	100%	100%	100%	100%*	100%	100%
Between EU States	100%	100%	100%	100%*	100%	100%
International routes between EU Member States and 3rd countries						
EU – Annex B/EFTA	0%	50%	100%	Per route**	100%	100%
Annex B/EFTA – EU	0%	50%	0%	Per route**	Per route**	100%
EU – Non-Annex B	0%	50%	100%	Per route**	100%	0%
Non-Annex B – EU	0%	50%	0%	Per route**	Per route**	0%
International routes between 3rd countries						
Annex B/EFTA – Annex B/EFTA	0%	0%	0%	Per route**	Per route**	100%***
Annex B/EFTA – Non-Annex B	0%	0%	0%	Per route**	Per route**	0%
Non-Annex B – Annex B/EFTA	0%	0%	0%	Per route**	Per route**	0%
Non-Annex B – Non-Annex B	0%	0%	0%	Per route**	Per route**	0%

*   Full route length is covered, also if use is made of airspace of non-EU States.
**   Depending on distance flown in EU airspace. For international routes between 3rd countries only a limited part of the flights make use of EU airspace.
*** In this study emissions on routes between Annex B/EFTA countries have not been quantified, because the flight data for these routes are incomplete.

Abb.2 Percentage of emissions included for EU-related routes under various scenarios. Quelle: CE Delft (2005) S.63

Die Abbildung 2 gibt einen Überblick über die Emissionen auf verschiedenen Routen, die unter ein jeweiliges Szenario fallen. Die Tabelle zeigt, dass Emissionen auf Routen innerhalb der EU, also sowohl innerstaatliche Flüge als auch Flüge zwischen den Mitgliedstaaten, in allen Szenarien erfasst werden. Die Szenarien differieren eigentlich nur in dem Ausmaß, in dem sie internationale Flüge zwischen der EU und Drittländern beinhalten.

In Szenario 2a sind 50% der Emissionen auf internationalen Flügen zwischen der EU und Drittstaaten, die an dem ETS teilnehmen, erfasst. Szenario 2b deckt die vollen Emissionen ab auf Routen, die von der EU ausgehen. In Szenario 3 hängt der Prozentsatz von der in dem EU Luftraum geflogenen Strecke ab. Dieser wird für jeden individuellen Flug eigens berechnet. Es sind außerdem Flüge zwischen Drittstaaten betroffen, deren Flugrouten durch den Europäischen Luftraum verlaufen (sog. Überflüge). Szenario 4 erfasst einerseits wie in 2b die Flüge auf Routen von der EU sowie anderseits wie in Szenario 3 die anderen internationalen Flüge, die den EU

Luftraum gebrauchen. In Szenario 5 werden die Emissionen auf den internationalen Flugrouten zwischen EU und Annex B Staaten (falls diese das Kyoto-Protokoll ratifiziert haben) erfasst, während internationale Flugrouten zwischen der EU und allen anderen Drittstaaten (Non-Annex-B) ausgegrenzt sind. Des Weiteren werden die Emissionen auf den Flügen zwischen Annex-B Staaten erfasst, solange sie den Europäischen Luftraum benutzen und nicht Mitglieder der EU sind.

Letztlich prüfte die von der EU-Kommission eingesetzte Arbeitsgruppe nur die folgenden Optionen genauer: a) nur interne EU-Flüge; b) alle von EU-Flughäfen startenden Flüge; c) alle Start- und Landeflüge[69]. Eine Bewertung der Ergebnisse bestätigte, dass ein möglichst großer Anwendungsbereich, also die Einbeziehung aller Start- und Landeflüge, die größten Vorteile für die Umwelt mit sich bringen würde[70].

Eine Begrenzung nach Option a) hätte wahrscheinlich zur Folge, dass Ziele außerhalb der EU bevorzugt würden, womit längere Flugstrecken und höhere Emissionen verbunden wären. Auch könnten für den Tourismus in der EU Nachteile entstehen. Die Option c) könnte gegenüber den anderen die wettbewerbsneutralste und für den Tourismus am besten geeignet sein, da sie den größten Anwendungsbereich beinhaltet. Im Richtlinienvorschlag vom 20. Dezember 2006 hat man diese Vorteile erkannt und übernommen. Es werden künftig alle Start- und Landeflüge von Flughäfen der Gemeinschaft erfasst[71][72].

3.3. Verfahren der Primärverteilung

Unabhängig von der Erstverteilung der Zertifikate führt der Emissionshandel zu einer effizienten Verwendung der Ressourcen[73]. Die Emissionsrechte werden auf jeden Fall für die Flüge verwendet, bei denen eine Vermeidung der Emissionen am teuersten wäre. Somit hat die Verteilung in erster Linie keinen Einfluss auf die Effizienz des Systems. Allerdings hat die Erstverteilung immer auch spezifische verteilungspoliti-

---

[69]   EU-Kommission (2006b), S.4.
[70]   EU-Kommission (2006b), S.9.
[71]   EU-Kommission (2006a), S.7.
[72]   Vgl. auch Harmeling/ Kubek (2006).
[73]   Vgl. Feess (1997), S.533ff.

sche Implikationen. Die Wahl des Erstverteilungsverfahrens ist eine besonders sensible Entscheidung. Denn nicht zuletzt hängt die Akzeptanz des Emissionshandelsystems im Luftverkehr auch von den verteilungspolitischen Entscheidungen ab.

3.3.1. Grandfathering

Das Grandfathering[74] zeichnet sich dadurch aus, dass sich die Emissionsrechte auf ein historisches Basisjahr beziehen und kostenlos verteilt werden. Dies ist zum Vorteil für Fluggesellschaften mit einer alten Flotte, denn diese könnten Emissionen bereits dadurch einsparen, dass sie ihre Flugzeuge modernisieren. Ein Unternehmen, welches bereits früher in effizientere Maschinen investiert hat, kann diese Möglichkeit nicht nutzen.

Aus Sicht der Unternehmen ist das Grandfathering deshalb so attraktiv, weil bestehende Besitzstände abgesichert sind. Es orientiert sich also vor allem am Bestandsschutz der Emittenten, was allerdings dem Verursacherprinzip widerspricht. Einigkeit unter den Fluggesellschaften besteht über die kostenlose Verteilung der Emissionsrechte[75]. Nach welchen Vorgaben diese verteilt werden sollen, ist aber unklar. Normalerweise sollen eine oder mehrere vergangene Perioden zu Grunde gelegt werden. Jedoch ändern sich die Anteile der einzelnen, erfassten Akteure in Abhängigkeit von Konjunktur, Marktanteilen und frühzeitigen Minderungsmaßnahmen von Jahr zu Jahr. Auch Ereignisse wie die Terroranschläge am 11. September 2001 oder die SARS-Krise[76] 2003 können merkliche Auswirkungen auf die Emissionen haben.

Die Auswirkung der Konjunktur kann dadurch gemindert werden, dass mehrere aufeinander folgende Jahre als Basisperiode gewählt werden. Fluggesellschaften, die in früheren Jahren bereits Emissionsreduktionen vorgenommen haben[77], drängen auf eine weiter zurückliegende Periode, damit die frühzeitigen Investitionen in klimaschonende Technologien oder Optimierungsmaßnahmen in größerem Umfang Be-

---

[74]   Grandfathering zu deutsch: Großvaterrechte.

[75]   Cames, M./ Deuber, O. (2004), S.93.

[76]   SARS: Severe Acute Respiratory Syndrome. Das Schwere Akute Atemwegssyndrom ist eine Infektionskrankheit. Während einer Epidemie kann der Luftverkehr in Asien fast zum Erliegen.

[77]   Dieser Vorgang wird auch als „Early Action" bezeichnet.

rücksichtigung finden. Umgekehrt werden Unternehmen, die noch keine Minderungen ihrer Emissionen getätigt haben, auf eine spätere Bezugsperiode hoffen, weil ihnen in diesem Fall mehr Zertifikate zugeteilt werden.

Wie mit so genannten Newcomern, also neu in den Markt einsteigenden Unternehmen im Rahmen des Grandfathering umgegangen werden soll, ist unklar. Weil sie in der Basisperiode keine Emissionen verursacht haben, können ihnen auch keine kostenlosen Zertifikate zugeteilt werden. Sie müssten ihren Bedarf vollständig am Markt erwerben. Dies würde eine Diskriminierung gegenüber bestehenden Unternehmen bedeuten. Denkbar wäre, dass ein kleiner Prozentsatz der zur Verfügung stehenden Zertifikate zurückgehalten wird, um diese an Newcomer vergeben zu können[78].

Zu klären ist ebenso der Umgang mit insolventen Unternehmen, Fusionen und Übernahmen. Im Falle eines Konkurses gehören die Emissionsrechte zur Konkursmasse und können am Markt veräußert werden. Somit stehen sie dem Markt weiterhin zur Verfügung. Fusionen und Übernahmen sind während des Emissionshandels kein größeres Problem, da den fusionierten Unternehmen nun die Emissionsrechte beider Unternehmensteile zur Verfügung stehen. Bei einer Fusion zwischen der Basisperiode und Eröffnung des Emissionshandels muss allerdings sichergestellt sein, dass bei der Erstverteilung die Anteile der beiden ursprünglichen Unternehmen ausgeteilt werden.

3.3.2. Benchmarking

Wie beim Grandfathering werden auch beim Benchmarking[79] die Emissionsrechte kostenlos verteilt. Benchmarks sind spezifische Werte, die auf eine typische Output-größe eines Sektors bezogen sind. Im internationalen Luftverkehr ist diese Output-größe die Flugleistung[80]. Für die Bestimmung des Benchmarks wird aus der Ge-samtheit aller Emissionen der teilnehmenden Unternehmen und der Gesamtheit aller

---

[78] Die Gründung von Tochtergesellschaften sollte nicht wie eine unabhängige Neugründung behandelt werden, da es sich oft um Expansions- und Verlagerungsstrategien etablierter Unternehmen handelt.

[79] Benchmark zu deutsch: Maßstab.

[80] Vgl. Cames, M./ Deuber, O. (2004), S.95.

Flugleistungen ein Durchschnittswert gebildet und danach mit dem relativen Minderungsziel gewichtet. Durch Multiplizieren des Durchschnittswertes/Benchmarks mit der Flugleistung einer Fluggesellschaft ergibt sich die Anzahl an Zertifikaten, die ihr zugeteilt wird.

Einige Probleme des Grandfatherings werden durch diese Methode verringert bzw. komplett ausgeklammert. So wird der Newcomer unabhängig von der Effizienz seiner eingesetzten Flugzeuge mit Emissionsrechten ausgestattet und für ihn besteht – im Gegensatz zum Grandfathering – der Anreiz verbrauchsarme Flugzeuge einzusetzen und überschüssige Emissionsrechte am Markt zu verkaufen. Beim Grandfathering würde der Einsatz von effizientem Fluggerät dazu führen, dass der Newcomer in der folgenden Handelsphase mit weniger Emissionsrechten ausgestattet wird und somit gegenüber anderen Unternehmen einen Nachteil hat. Es könnte somit für einen Newcomer im Falle des Grandfatherings durchaus vorteilhafter sein, in alte, weniger effiziente Maschinen zu investieren, beim Benchmarking jedoch nicht.

Ein weiterer Vorteil ist, dass bei einer späten Basisperiode die Early Actions[81] weitgehend berücksichtigt werden. Denn die einzelnen Emissionen der Unternehmen, die bereits Minderungsmaßnahmen durchgeführt haben, liegen unterhalb des Durchschnitts. Daher werden sie bei der Erstverteilung überproportional ausgestattet. Somit brauchen diese Unternehmen entweder weniger Zertifikate hinzukaufen, oder können sogar überflüssige Emissionsrechte veräußern. Das Benchmarking ist durchaus ein interessanter Ansatz, der auch für den Emissionshandel im internationalen Luftverkehr in Erwägung gezogen werden kann.

3.3.3. Versteigerung

Bei einer Versteigerung werden die Emissionsrechte vor Beginn oder auch während der jeweiligen Verpflichtungsperiode versteigert. Die am Emissionshandel teilnehmenden Unternehmen kaufen Zertifikate entsprechend der Menge ihres erwarteten Treibhausgasausstoßes und der Grenzvermeidungskostenkurve. Reicht die gekaufte

---

[81] frühzeitige, d.h. vor dem Beginn gesetzlicher Forderungen, durchgeführte Emissionsminderungen durch technische oder andere Maßnahmen.

Menge nicht aus, oder sind zu viele Zertifikate gekauft worden, können jederzeit Emissionsrechte veräußert oder hinzugekauft werden.

Der Vorteil dieser Methode liegt darin, dass sie einerseits dem Verursacherprinzip gerecht wird und andererseits frühzeitig ein Preissignal für die Kosten der Vermeidung von Emissionen im Luftverkehr setzt. Somit können die Unternehmen jederzeit abwägen, ob es besser ist, Emissionsrechte zu kaufen oder Emissionen zu vermeiden. Daher werden durch eine Versteigerung deutliche Anreize zur Reduktion von Treibhausgasen gesetzt.

Des Weiteren werden die Berechtigungen auf eine nicht diskriminierende Weise verteilt und damit neue Teilnehmer relativ gleich behandelt. Zudem sind verhältnismäßig geringe administrative Kosten, aber ein hoher Grad an Flexibilität zu erwarten.

Die bisher schon am Emissionshandel teilnehmenden Unternehmen aus den Bereichen Industrie und Energie haben ihre Emissionsrechte mit der Methode des Grandfatherings kostenlos zugewiesen bekommen[82]. Daher könnte es bei einer Versteigerung der Zertifikate für den Luftverkehr zu Wettbewerbsnachteilen für eben diesen Luftfahrtsektor kommen, solange andere Sektoren nicht auch ihre benötigten Emissionsrechte ersteigern müssten.

Wegen dieser Notwendigkeit der Gleichbehandlung des Luftfahrtsektors empfahl die Kommission in ihrem Richtlinienvorschlag vom 20. Dezember 2006 einen festen Prozentsatz der Gesamtmenge an Zertifikaten jedes Jahr kostenfrei an die Flugzeugbetreiber zuzuteilen[83].

3.4. Die Einbindung des Luftverkehrs in den EU-Emissionshandel

Das seit dem 1. Januar 2005 in Kraft getretene Emissionshandelssystem der Europäischen Union[84] erfasst bisher nur energieintensive Industrieanlagen. Diese derzeit über 12000 Anlagen sind für mehr als die Hälfte aller CO_2-Emissionen in der EU ver-

---

[82]   Vgl. Stockmann, U./ Hafner, S. (2006), S.13.

[83]   Vgl. EU-Kommission (2006a), S.7.

[84]   Vgl. Kapitel 2.4. Die Richtlinie 2003/87/EG.

antwortlich[85]. In Zukunft sollen auch Flugverkehrsdienste erfasst werden. Der Europäischen Kommission stellte sich die Frage, wer denn die verantwortliche Bezugseinheit für Emissionszertifikate sein soll (Luftlinie, Flughafen, Betreiber, Flugroute etc.).

In dem am 20. Dezember 2006 veröffentlichtem Richtlinienvorschlag zur Einbeziehung des Luftverkehrs in das bestehende Emissionshandelssystem mit Treibhausgaszertifikaten empfiehlt die Arbeitsgruppe, die Fluggesellschaften als Bezugseinheit[86]. Sie betreiben die Flugzeuge welche die Verursacher für die Luftverschmutzung sind. Wie schon bei den Industrieanlagen sollen den Fluggesellschaften handelbare Zertifikate zugeteilt werden, die es ihnen gestatten, bei ihren Flügen eine bestimmte Menge CO_2 in einem Jahr auszustoßen. Die Unternehmen müssen jedes Jahr über die entsprechende Anzahl an Emissionszertifikaten verfügen, die den tatsächlichen Emissionen entspricht. Die Gesamtzahl der den Fluggesellschaften zugeteilten Zertifikate wird nach Maßgabe der durchschnittlichen Luftverkehrsemissionen in den Jahren 2004-2006 begrenzt[87].

Ab dem 1. Januar 2012 sind sämtliche Start- und Landeflüge an einem Flughafen in der EU betroffen. Eine „Erprobungsphase" erfolgt für innereuropäische Flüge bereits ab dem 1. Januar 2011. Es sollen allerdings nicht alle Flugzeuge erfasst werden. So sind Staatsluftfahrzeuge, Rettungsflüge u.ä. vom System ausgeschlossen. Um die Verwaltung klein zu halten und Doppelerfassungen zu vermeiden, wird jede Fluggesellschaft, einschließlich derer aus Drittländern[88], von nur einem Mitgliedland verwaltet.

Die Zuteilung der Zertifikate erfolgt kostenlos für die erste Periode 2011-2012 zu dem Prozentsatz, zu dem im bestehenden System die Mitgliedstaaten die Zertifikate umsonst verteilen. Nach der Erstvergabe erhöht sich der Anteil der versteigerten Zertifikate. Die Einkünfte aus diesen Versteigerungen sollen zur Minderung der Klimaauswirkungen und zur Erleichterung der Anpassung an den Klimawandel sowie

---

[85] Vgl. Stockmann, U./ Hafner, S. (2006), S.3.
[86] EU-Kommission (2006a), S.6.
[87] EU-Kommission (2006a), S.7.
[88] also Staaten, die nicht Mitglied der EU sind.

zur Deckung der administrativen Kosten verwendet werden. Die Überwachung erfolgt wie bei den anderen Teilnehmern des Gemeinschaftssystems. Die Betreiber sind verpflichtet, bis zum 31. März jeden Jahres der zuständigen Behörde des Verwaltungsmitgliedstaates Bericht zu erstatten, der dann auf seine Richtigkeit geprüft wird.

Da die Fluggesellschaften voll im Emissionshandel integriert sind, werden sie künftig von in anderen Sektoren teilnehmenden Gesellschaften Zertifikate kaufen können. Somit sind sie in der Lage, Gutschriften, die sog. Emissionsreduktionseinheiten (ERU) und zertifizierte Emissionsreduktionen (CER) zu kaufen und sich an den Projekten des Joint Implementation[89] und des Clean Development Mechanism[90] zu beteiligen. Der innerstaatliche Luftverkehr wird in das System eingebunden und somit gleich behandelt wie der internationale Luftverkehr.

---

[89]   siehe auch Kapitel 2.3.1.1.
[90]   siehe auch Kapitel 2.3.1.2.

4. Auswirkungen und Schwierigkeiten

Die Folgen der Einbindung des Luftverkehrs in das europäische Emissionshandelssystem sind momentan nicht genau abzusehen. Es könnten sich einige Schwierigkeiten bei der Umsetzung der Richtlinie ergeben. Auch könnten die Auswirkungen auf bestimmte Bereiche negativer Natur sein. Im diesem Kapitel wird auf einige Probleme hingewiesen.

4.1. Juristische Probleme

Bei einer Einführung eines Emissionshandels auf den Luftverkehr durch eine EG-Richtlinie sind rechtliche Vorgaben des EG-Rechtes zu berücksichtigen[91]. Diese schließen zum einen objektive Verfassungsgrundsätze des Gemeinschaftsrechts ein, zum anderen die im EG-Vertrag verankerten Grundfreiheiten[92] und die gemeinschaftsrechtlichen Grundrechte.

Für die Rechtsgrundlage des Emissionshandels kommt der Art.175 EG in Betracht. Dieser erlaubt ein Tätigwerden der Gemeinschaft zur Erreichung der Ziele aus Art.174 EG, d.h. dem Schutz und der Erhaltung der Umwelt. Wenngleich die Einführung des Emissionshandels auch Auswirkungen auf den Binnenmarkt, den Wettbewerb und die Handelspolitik hat, so ist dessen Hauptziel die Reduzierung von Treibhausgasemissionen. Der gemeinschaftsrechtliche Umweltbegriff erfasst alle natürlichen Lebensbedingungen[93] einschließlich des Klimas[94]. Somit kann eine Richtlinie zur Schaffung eines gemeinschaftsweiten Emissionshandelssystems auch auf Art.175 Abs. 1 EGV gestützt werden.

Der EuGH stellt bei der Frage, welche Rechtsgrundlage heranzuziehen ist, wenn eine Gemeinschaftsmaßnahme mehrere Regelungsmaterien betrifft, auf den inhaltli-

---

[91] Vgl. Giesberts/Hilf (2002), S.56.

[92] Vgl. Kapitel 1.5. Die Grundfreiheiten des EGV i.V.m. der Richtlinie 2003/87/EG.

[93] Vgl. Schröder, M (1998), §9 Rn.17.

[94] Vgl. Epiney, A (2001), S.214.

chen Schwerpunkt der jeweiligen Maßnahme ab[95]. Dieser Sichtweise folgte die Kommission bei der Richtlinie 2003/87/EG und stützte diese dementsprechend auf Art.175 Abs.1 EGV. Die Rechtsgrundlage für den Richtlinienvorschlag zur Übertragung des Emissionshandels auf den Luftverkehr ist ebenfalls Art.175 EGV[96].

4.1.1. Subsidiaritätsprinzip

Jedoch darf die Gemeinschaft, auch wenn der EG-Vertrag eine Kompetenzgrundlage für eine Regelungsmaterie, hier den Emissionshandel, enthält, gem. Art.5 Abs.2 EGV nur dann auf diesem Gebiet tätig werden, „sofern und soweit die Ziele der in Betracht gezogenen Maßnahmen auf Ebene der Mitgliedsstaaten nicht ausreichend erreicht werden können" (Subsidiaritätsprinzip).

Das Subsidiaritätsprinzip findet insofern Anwendung, weil die ausschließliche Zuständigkeit *nicht* bei der Gemeinschaft allein liegt und die Ziele des Richtlinienvorschlags nicht hinreichend von den Mitgliedstaaten erfüllt werden können. Zum einen können die wirtschaftlichen Vorteile des Emissionshandels nur erreicht werden, wenn die Zertifikate in allen Mitgliedstaaten frei handelbar sind und genehmigt werden. Hierfür sind gemeinschaftsweite Regelungen zu treffen. Zum anderen könnte es aufgrund des hohen Integrationsniveaus auf dem europäischen Luftverkehrsmarkt zu Wettbewerbsverzerrungen kommen, falls jedes Mitgliedsland eigene Maßnahmen anwendet, die sich von denen anderer unterscheiden.

Daher ist eine Gemeinschaftsmaßnahme der Kommission zufolge der bessere Weg, die Ziele des Vorschlags zu erlangen. Eine Reduktion der vom Luftverkehr verursachten Treibhausgase lassen sich durch Rechtsvorschriften auf Gemeinschaftsebene am ehesten verwirklichen. Weil dadurch alle Fluggesellschaften, die auf europäischen Flughäfen operieren, gleich betroffen sind, werden Wettbewerbsverzerrungen weitgehend ausgeschlossen. Die EU spielt im globalen Flugverkehr eine ent-

---

[95] Vgl. St. Rspr. s. etwa EuGH, Slg. 1993, I-939 (Kommission-Rat).
[96] EU-Kommission (2006a), S.8.

scheidende Rolle und ist etwa für die Hälfte der hierdurch entstehenden CO_2-Emissionen verantwortlich[97].

Mit dem Vorschlag werden die Regelungen des bisherigen Systems[98] geändert und gemeinschaftsweite Rahmenregelungen getroffen. Die Umsetzung und Durchführung obliegt jedoch den Mitgliedstaaten, da diese dazu besser in der Lage sind.
Somit wird der Richtlinienvorschlag dem Subsidiaritätsprinzip gerecht.

4.1.2. Grundsatz der Verhältnismäßigkeit

Ebenfalls wird der Richtlinienvorschlag dem Grundsatz der Verhältnismäßigkeit gerecht. Enthält er doch nur Vorschriften, die ein einwandfreies Funktionieren des Systems und eine Vermeidung von Wettbewerbsverzerrungen, etwa durch Ungleichbehandlungen von Fluggesellschaften, gewährleisten. Der Vorschlag greift so weit wie möglich auf die bereits bestehenden Strukturen des Emission Trading Scheme zurück. Alles ist im Interesse der Kohärenz und zur Verminderung der Umsetzungskosten.

Waren jedoch etwaige Verfahrensvorschriften des bestehenden Systems nicht für den Luftverkehr geeignet, so wurden Sondervorschriften eingeführt. Diese beeinträchtigen der Kommission nach aber nicht die Einfachheit und umweltpolitische Integrität des Systems. Der Handel mit Treibhausgaszertifikaten ermöglicht das Erreichen der Umweltziele zu geringeren Kosten als andere Mittel. Er ist daher die kostenwirksamste Maßnahme zur Reduzierung der schädlichen Treibhausgasemissionen im Luftverkehr[99].

Zur Übertragung des Emissionshandels auf den Luftverkehr kommt als Rechtsinstrument eigentlich nur eine Richtlinie in Betracht, da zur Änderung einer bestehenden Richtlinie andere Instrumente ungeeignet wären. Weitere juristische Probleme

---

[97]   EU-Kommission (2006b), S.8.
[98]   also die Richtlinie 2003/87/EG
[99]   EU-Kommission (2006b), S.8

sollen an dieser Stelle nicht weiter erläutert werden. Es stehen der Umsetzung des Vorschlags nach dem EG-Vertrag aber keine weiteren Punkte entgegen.

4.2. Auswirkungen auf Fluggesellschaften, Flughäfen und Kunden

Die Analyseergebnisse der Europäischen Kommission[100] zeigen, dass eine Einbeziehung des Luftfahrtsektors in das europäische Emissionshandelssystem die Rentabilität nicht wesentlich beeinflussen wird.

Jede Fluggesellschaft würde bei den unter das System fallenden Flugrouten gleich behandelt. Es ist anzunehmen, dass die Kosten für die Teilnahme am Handelssystem teilweise, wenn nicht sogar vollständig auf die Kunden abgewälzt werden. Ob dabei die Zertifikate kostenfrei an die Fluggesellschaften verteilt werden, dürfte bei der Entscheidung der Kostenweitergabe keine Rolle spielen. Die Fluggesellschaften werden sich nicht wesentlich von den Europäischen Stromherstellern unterscheiden.

Nach Untersuchungen der Kommission auf die Folgen einer Einbeziehung würde die vollständige Abwälzung der Kosten auf die Kunden eine Ticketpreiserhöhung von maximal ca. 40€ für einen Hin- und Rückflug im Jahr 2020 bedeuten. Dabei ist man von einem hohen Zertifikatspreis von 30€ ausgegangen und einer Erfassung aller Start- und Landeflüge. Nach der Prognose ist die Wirkung auf das Nachfragewachstum gering. Gegenüber einem „business-as-usual"-Szenario, also einer Behaltung der gegenwärtigen Emissionspraxis, wonach ein Wachstum von 142% prognostiziert wird, läge es mit Einbeziehung in den Handel bei minimal 135%[101].

Diese geringe Auswirkung auf das Wachstum macht deutlich, wie wenig die Nachfrage beim Luftverkehr vom Preis abhängt. Es könnte darauf zurückzuführen sein, dass besonders die wohlhabenden Bevölkerungsschichten vorwiegend zu den Nutzern des Luftverkehrs gehören und eine Erhöhung in dieser Gesellschaftsschicht eher tragbar ist. Ein weiterer Grund könnte auch in der Erklärung liegen, dass mit

---

[100]   EU-Kommission (2006b), S.6
[101]   EU-Kommissino (2006b), S.7

großer Wahrscheinlichkeit künftig sowohl die Bruttoinlandsprodukte (BIP) als auch die Nettoeinkommen in Realwerten weiter ansteigen.

Durch die Gleichbehandlung der Fluggesellschaften dürfte der Wettbewerb zwischen ihnen kaum berührt werden. Das Alter der Flotte, die Länge der Flugrouten und die Art der beförderten Lasten werden wohl weiterhin ausschlaggebend sein für ein Bestehen am Markt.

Eine Beeinflussung des Wettbewerbs zwischen Flughäfen und Tourismus wäre gering, denn es ist davon auszugehen, dass das Nachfragewachstum hoch bleibt[102]. Ein etwaiges Risiko wird wahrscheinlich auch dadurch verringert werden, dass alle Start- und Landeflüge erfassten werden sollen.

4.3. Auswirkungen auf den Tourismus

Der Tourismus in der Europäischen Union wird bestimmt durch die EU-Bürger selbst, auf die ca. 80% aller Übernachtungen in Europa fallen[103]. Rund ein Viertel aller Urlaubsreisen werden mit dem Flugzeug gemacht. Laut der Kommission würden bei einem Zertifikatspreis von 30€ die durchschnittlichen Kosten für eine typische Flugzeugferienreise in Europa um ca. 2% steigen. Bei Regionen, die nahezu vollständig von mit dem Flugzeug anreisende Touristen abhängig sind, ist mit einer größeren Kostensteigerung zu rechnen. Eine Steigerung des Ferienbudgets von 2% dürfte für fast alle Mitgliedstaaten gelten, wobei dieser Betrag vergleichbar wäre mit jährlichen Schwankungen infolge der touristischen Trendentwicklungen.

Erfahrungen mit den vergangenen Ölkrisen und damit verbundenen Preissteigerungen für Kerosin zeigen, dass eine Zunahme, die mit einem hohen Zertifikatspreis von 30€ verbunden sind, sich nicht nennenswert auf die internationale Tourismusnachfrage auswirken dürfte. Dies zeigt unter anderem die Zunahme der Passagierbewegungen. Die Personenbeförderung im Luftverkehr hat im Jahr 2005 um 8,5% auf über 700 Millionen Passagiere zugenommen. In 2004 und 2003 betrug der Anstieg

---

[102] Siehe auch Kapitel 4.3. Auswirkungen auf den Tourismus.
[103] EU-Kommission (2006b), S.8.

8,8% bzw. 4,9%[104]. Dabei sind die Treibstoffkosten um durchschnittlich 49%[105] nach Angaben der ICAO gestiegen.

4.4. Umweltauswirkungen

Die von der Europäischen Kommission vorgeschlagene Änderung der Richtlinie 2003/87/EG zwecks Einbeziehung des Luftverkehrs könnte und sollte erhebliche positive Auswirkungen auf die Umwelt haben. Die gegenwärtig stark ansteigenden Emissionen des Luftfahrtsektors[106] könnten auf dem Niveau der Jahre 2004-2006 gehalten werden. Bis 2020 könnten absolut 183 Millionen Tonnen CO_2 eingespart werden. In Abb. 2 sind die Einsparungen bei unterschiedlichen Anwendungsbereichen dargestellt. Es werden die „business-as-usual"-Emissionen des Luftverkehrs mit einer Stabilisierung im Jahr 2005 miteinander verglichen. Man kann deutlich das Einsparungspotenzial erkennen.

Geografischer Anwendungsbereich	Reduktion bis 2015		Reduktion bis 2020	
	%	Tonnen CO_2	%	Tonnen CO_2
Innergemeinschaftliche Flüge	36 %	31	45 %	44
Alle Startflüge	36 %	77	46 %	115
Alle Start- und Landeflüge	36 %	122	46 %	183

Abb. 3: Absolute und prozentuale Reduktionswerte (Quelle: EU-Kommission 2006b, S.8)

---

[104]   EUROSTAT (2007).
[105]   EU-Kommission (2006b), S.8.
[106]   Siehe u.a. Abbildung 1.

5. Schlussbemerkung

Der Emissionshandel kann nur ein Bestandteil einer umfassenden Gesamtstrategie sein um eine Reduktion des Treibhausgasausstoßes zu erreichen. Diese sollte die Investition und Förderung von neuen Technologien genauso beinhalten wie die Verbesserung der Infrastruktur. Letzteres zielt auf das Projekt „Single European Sky"[107], durch das eine Verminderung des CO_2-Austoßes um 12% erreicht werden könnte. Jedoch befindet sich das Projekt seit mehr als einer Dekade nur in der politischen Diskussion. Das Ziel der Umsetzung bis 2020 ist nicht ehrgeizig genug.

Die Einbeziehung des Luftverkehrs in das bestehende Emissionshandelssystem ist meiner Meinung nach durchaus ein positiver Ansatz, da es im Vergleich zu Steuern und Abgaben die wirtschaftlich wirksamere und ökologisch sinnvollere Alternative ist, die klimaschädlichen Gase des Luftverkehrs einzudämmen. Der Richtlinienvorschlag weist jedoch Fragen auf, welche nun im Weiteren näher betrachtet werden.

Der Richtlinienentwurf sieht die Integration des Luftverkehrs in das bestehende, offene Emissionshandelssystem vor. Aufgrund der Vereinbarkeit plant die Kommission ausschließlich mit dem Handel von CO_2. Beides ist zu begrüßen, da es konsequent und für die Einführung des Emissionshandels im Luftverkehr eine zwingende Voraussetzung sein könnte.

Eine zeitlich gestaffelte Einführung, also 2011 für innereuropäische Flüge und 2012 für sämtliche Flüge von und nach Europa, könnte jedoch abzulehnen sein. Es könnten erforderliche, internationale Abstimmungen mit Fluggesellschaften aus Drittländern übergangen werden. So könnten dauerhafte Wettbewerbsverzerrungen mit negativen Auswirkungen für die europäischen Gesellschaften entstehen. Die Einbeziehung des Luftverkehres muss wettbewerbsneutral erfolgen. Sinnvoller wäre die

---

[107] Hinter der Bezeichnung Single European Sky (SES) steht die Initiative der Europäischen Kommission, in Europa einen einheitlichen Luftraum zu schaffen. Noch 1999 gab es mehr als 41 nationale Flugsicherungen, welche die Lufthoheit der Nationalstaaten überwachten und bei einem Flug über Europa einen häufigen Wechsel der zuständigen Flugkontrollzentren verursachten.

Schaffung eines globalen Systems, welches in die Post-Kyoto-Phase ab 2013 integriert wird, um so gleiche Bedingungen für alle zu schaffen.

Die Europäische Union sollte sich um ein System bemühen, welches ebenfalls innerhalb der ICAO abgestimmt ist und somit in den Post-Kyoto-Prozess integriert werden kann. Da der Luftverkehr global agiert, sollte auch ein System gefunden werden, welches international anwendbar ist. Die angestrebte Insellösung in der EU ist unvorteilhaft. Auch könnte die Zuteilung auf Basis der durchschnittlichen Emissionen der Jahre 2004-2006 das Wachstum des europäischen Luftverkehrs gegenüber dem Weltluftverkehr behindern. Diese Festlegung des Basiszeitraums und das Einfrieren der Emissionen auf diesen Stand vernachlässigt die internationale Entwicklung des Luftverkehrs. Zu bedenken ist, dass dieser in den nächsten Jahren sehr wahrscheinlich sein jährliches Wachstum von 4-5% fortsetzen wird. Das Wachstum des Luftverkehrs sollte demnach bei der Allokation von Emissionsrechten Berücksichtigung finden.

Weiterhin könnte sich die Versteigerung von Zertifikaten bei der Erstverteilung kostentreibend auf die Preise auswirken. Eine positive Umweltwirkung ist hier weniger zu erkennen. Gegenüber der Auktion von Emissionsrechten ist die Zuteilung auf Basis des Benchmarking möglicherweise die sinnvollere Alternative, welches sicher auch bei den Unternehmen mehr Zustimmung findet.

Der Luftverkehr hat im Gegensatz zu anderen Sektoren mittel- bis langfristig keine Möglichkeit, auf regenerative Energiequellen oder alternative Antriebe auszuweichen. Daher ist er auf den Kauf von Emissionsrechten angewiesen[108]. Für den Luftverkehr müssten weiter gefasste Obergrenzen in Bezug auf die Verwendung von Zertifikaten aus Mechanismen des CDM und JI[109] geschaffen werden. Die Beschränkung auf maximal 10% ist insbesondere für den Luftverkehrssektor in Frage zu stellen.

---

[108] Ein sog. Nettokäufer.
[109] Vgl. auch Kapitel 1.3.1.1. und 1.3.1.2.

Ebenfalls könnten die verwaltungstechnische Praxis und deren Umsetzung zur Erlangung der Zertifikate weiterer Verbesserungen bedürfen. Der Kommissionsbericht ist in Bezug auf Möglichkeiten und Optionen der Verwaltung zu weit gefasst. Nationale und EU-Kompetenzen stehen ungeklärt nebeneinander. Eine Konkretisierung und Präzisierung könnte von Vorteil sein. Es besteht sonst die Wahrscheinlichkeit, dass der administrative Aufwand für die Beschaffung der Zertifikate zu hoch wird.

Alles in Allem ist das Vorhaben, die Treibhausgase des Luftverkehrs mithilfe des Emissionshandelssystems einzudämmen, sehr zu begrüßen. Jedoch sollte der Richtlinienvorschlag[110] nochmals überarbeitet werden und die Stimmen aus der Luftfahrtbranche mehr Beachtung finden. Mit Blick in die Zukunft bleibt abzuwarten, welche Einsparungen von Treibhausgasen durch einen Emissionshandel im Luftverkehr wirklich erreicht werden können und welche Auswirkungen er auf den Flugverkehr haben wird.

---

[110] EU-Kommission (2006a).

Literaturverzeichnis

Bender/Sparwasser/Engel (2000): Umweltrecht. Grundzüge des öffentlichen Umweltschutzrechts. 4.Auflage, Müller, 2000.

Böckenförde, E.-W. (1991): Staat, Verfassung, Demokratie. Suhrkamp Verlag, 1991.

Cames, M./ Deuber, O. (2004): Emissionshandel im internationalen zivilen Luftverkehr, Öko-Institut e.V. Berlin, 2004.

CE Delft (2005): Giving wings to emission trading. Inclusion of aviation under the European emission trading scheme (ETS): desing and impacts. Delft, 2005.

Epiney, A. (2001): Fragen des europäischen und deutschen Verfassungsrechts, in: Rengeling, H.-W. (Hrsg.), Klimaschutz durch Emissionshandel, Achte Osnabrücker Gespräche zum deutschen und europäischen Umweltrecht. Köln, 2001.

EurActiv.com (2007): Luftfahrt und Emissionshandel, unter: http://www.euractiv.com/de/verkehr/luftfahrt-emissionshandel/article-140030 (zuletzt geprüft am 21.05.2007).

EUROSTAT (2007): Pressemitteilung 11/2007 vom 19.01.2007 „Luftverkehr in der EU25".

EU-Kommission (2006a): Kommission der Europäischen Gemeinschaften: Vorschlag für eine Richtlinie des Europäischen Parlaments und des Rates zur Änderung der Richtlinie 2003/87/EG zwecks Einbeziehung des Luftverkehrs in das System für den Handel mit Treibhausgasemissionszertifikaten in der Gemeinschaft. Brüssel, 2006.

EU-Kommission (2006b): Kommission der Europäischen Gemeinschaften: Zusammenfassung der Folgenabschätzung: Einbeziehung des Luftverkehrs in das EU-Handelssystem für Treibhausgasemissionsrechte (EU-ETS). Arbeitsdokument der Kommissionsdienststellen. Brüssel, 2006.

Feess, E. (1997): Mikroökonomie – Eine spieltheoretisch- und anwendungsorientierte Einführung. Metropolis-Verlag. Marburg, 1997.

Harmeling/ Kubek (2006): Einbezug des Flugverkehrs in das Europäische Emissionshandelssystem. Durchführbarkeit, Politikbestrebungen und Positionen. Germanwatch. Berlin, 2006.

Giesberts/Hilf (2002): Handel mit Emissionszertifikaten – Regelungen für einen zukünftigen Markt Band 1. Heymanns-Verlag. Köln, Bonn, Berlin, München, 2002.

Hansmeyer, K.-H. (1994): Umweltpolitik mit hoheitlichen Zwangsabgaben? 1.Auflage. Dunker & Humblot, 1994.

ICAO/CAEP (2000): Marked-bases Measures: Report of the Working Group 5 to the fifth Meeting of the Committee on Aviation Environmental Protection. Revised 11/21. 08.01.2002.

Luhmann, H.-J. (1997): Joint Implementation – Projektsimulation und Organisation. Operationalisierung eines neuen Instruments der Klimapolitik. Erich Schmidt Verlag. Berlin, 1997.

Murswiek, D. (1994): Privater Nutzen und Gemeinwohl im Umweltrecht. Zu den überindividuellen Voraussetzungen der individuellen Freiheit, in: DVBl. 1994.

Nagel, B. (1999): Wirtschaftsrecht der Europäischen Union. Eine Einführung, 3. Auflage. Nomos-Verlag. Baden-Baden, 1999.

Oberthür, S./ Ott, H. (2007): Das Kyoto Protokoll, Internationale Klimapolitik für das 21. Jahrhundert. Leske&Budrich. Berlin, 2007.

Rengeling, H.-W. (2001): Klimaschutz durch Emissionshandel. Heymanns-Verlag. Köln, 2001.

Richtlinie 2003/87/EG: Richtlinie 2003/87/EG des Europäischen Parlaments und des Rates vom 13.Oktober 2003 über ein System für den Handel mit Treibhausemissionszertifikaten in der Gemeinschaft und zur Änderung der Richtlinie 96/61/EG.

Sacksosfky, U. (2007): Versteigerung von Zertifikaten im Emissionshandel. In: Rehbinder, E. Umweltrecht und Umweltwissenschaft. Erich Schmidt Verlag. Berlin, 2007.

Sattler, A. (2004): Der Handel mit Treibhausgaszertifikaten in der Europäischen Union: unter besonderer Berücksichtigung der Richtlinie 2003/87/EG des Europäischen Parlaments. Logos-Verlag. Berlin, 2004.

Scheelhaase, J. (2006): Emissionshandel für den internationalen Luftverkehr – Stand auf politischer Ebene, Umsetzungsvorschläge und eine eigene Modellskizze, in: Zeitschrift für Umweltpolitik & Umweltrecht 4/2006.

Schröder, M. (1998): Umweltschutz als Gemeinschaftsziel und Grundsätze des Umweltschutzes, in: Rengeling, H.W. (Hrsg.), Handbuch zum europäischen und deutschen Umweltrecht, Band I, Allgemeines Umweltrecht. Köln, 1998.

Stockmann, U./ Hafner, S. (2006): Emissionshandel im Luftverkehr, Europäische Verkehrspolitik der PSE (Sozialdemokratische Fraktion im Europäischen Parlament). Brüssel, 2006.

UNFCCC (2007): UNITED NATIONS FRAMEWORK CONVENTION ON CLIMATE CHANGE vom 11.April 2007:

http://unfccc.int/files/essential_background/convention/status_of_ratification/applicati on/pdf/unfccc__rat_130407.pdf (zuletzt geprüft am 21.05.2007).